Weben

Dieses Buch handelt vom W[illegible] der ältesten Techniken der Menschheit, deren Beginn sich im Dunst grauer Vorzeit verliert. Als der Stolz auf immer kompliziertere Maschinen den Blick uns trübte, hatte „Handgewebtes" einen fatalen Beigeschmack. Heute, da eine ungeheure Technisierung uns die Seele zu rauben droht, besinnen wir uns auf Urtümliches. Nun ist Handgewebtes wieder schön und kostbar, drängt es uns, selbst zu weben, beglücken uns eigene Erzeugnisse. Es geniert überhaupt nicht, daß sie nicht so perfekt sind wie Gekauftes, es stört niemanden, daß es bis zur Vollkommenheit noch weit ist. Wichtig ist das Tun, der Spaß daran, die Selbstbestätigung, die Originalität. Und das ist viel! Niemals wurde so viel gebastelt wie in den vergangenen Jahren, niemals vorher fanden Menschen so viel Freude und Befriedigung, freiwillig, ohne Zwang, ohne die Notwendigkeit des Broterwerbs, schöne Dinge zu schaffen – vom veredelten Pappkarton bis zur kunsthandwerklichen Technik. Womit wir wieder beim Weben wären. Nicht alle, die es zu diesem edlen Gewerbe drängt, können sich einer handwerklichen Ausbildung unterziehen, einen Ferienkurs belegen oder einen Abendlehrgang besuchen. Für alle Laien ist diese Einführung entstanden, die „Kette" nicht von „Schuß" unterscheiden können, es aber doch so gerne wissen möchten. Anfängern Grundkenntnisse zu vermitteln, ihnen in heiterer, unkomplizierter Form zu ersten Erfolgserlebnissen zu verhelfen, zaghafte Schritte mit einfachen Anleitungen und behutsamer Verdeutlichung der Fachausdrücke zur Sicherheit zu lenken, ist die Aufgabe dieses Buches.
Schaffen wir nicht „am sausenden Webstuhl der Zeit" – lernen wir mit Muße weben – uns und anderen zur Freude.

Ursula Kühnemann

Fangen wir klein an...

Sie wollen also weben und träumen – unbelastet von jedweden technischen Kenntnissen – von vielbewunderten Kissen, Decken, Wandbehängen, Kleidungsstücken. Einerseits wissen Sie noch gar nicht, was eigentlich „Kette“ und was „Schuß“ ist, andererseits sind Sie voller Elan bereit, ein vielleicht sogar teures Gerät zu erwerben. Der Vater einer vierzehnjährigen Tocher sagte mir, als das Mädchen schüchtern den Wunsch äußerte, weben zu lernen, gut, dann kaufe ich ihr gleich einen großen Webstuhl. Er hatte noch nie einen gesehen. Auf meinen Einwand, der koste hunderte, antwortete er, das spiele keine Rolle. Das Mädchen bekannte auf meine Fragen, daß es nicht sicher sei, große Ausdauer aufzubringen und auch nicht, immer mit Garn und Wolle umgehen zu mögen. Was soll's also. Der Teenager wird bald die Lust verlieren, der Webstuhl wandert auf den Speicher, der Vater wird ärgerlich. Darum meine ich, klein anzufangen ist besser. Wenn der Spaß nicht vergeht wie der Schnee an der Sonne, sondern im Gegenteil von Mal zu Mal sich steigert, wenn es aus den ersten Versuchen und Erfahrungen zu größeren Stücken drängt – dann ist die Zeit gekommen, sich mit einem Webrahmen einzulassen. Ein Webstuhl liegt noch in weiter Ferne. Erstens beansprucht er sehr viel mehr Platz als ein noch schnell wegzupackender Webrahmen und zweitens bedarf es doch gewisser handwerklicher Voraussetzung ihn zu bedienen.

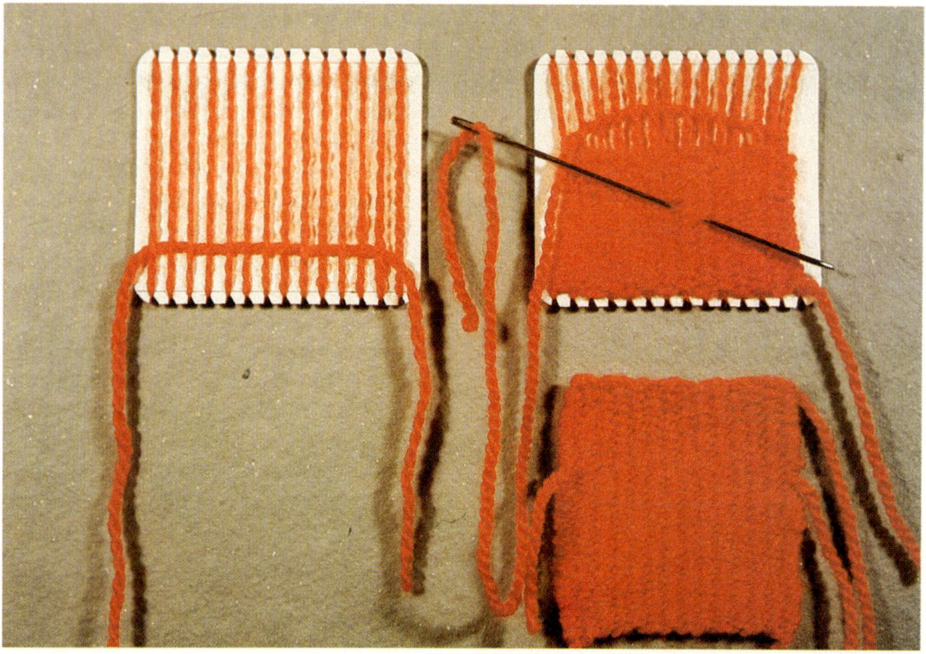

Denken Sie nun nicht, diese ersten Vorschläge seien reine Spielerei und pure Zeitvergeudung. Ganz im Gegenteil. Die Scheu vor dem „richtigen“ Weben wird abgebaut und außerdem lassen sich aus den Quadraten von diesem primitiven Rähmchen eine Menge schöner Dinge arbeiten. Nicht zu vergessen, daß diese im Handumdrehen fertigen Quadrate überall entstehen können, beim Kaffeeklatsch, während des Fernsehkrimis, im Wartezimmer des Arztes, im Urlaub.

Noch etwas: Kinder beschäftigen sich gern mit dieser „Weberei“. Weberei in Gänsefüßchen gesetzt, weil es, streng genommen, kein Weben ist, sondern flechten oder stopfen.

Bieruntersetzer oder entsprechende *Pappstücke* (die dann auch größer sein dürfen) sind schnell zu beschaffen. Wie daraus ein Rähmchen entsteht, über das Fäden gespannt werden – *das ist die Kette* – und im Auf und Nieder Fäden quer durchgezogen werden, – *das ist der Schuß* – zeigen die Fotos auf diesen Seiten.

Die **Kettfäden** sollen nicht zu straff gespannt sein, denn sonst biegt sich das Rähmchen und bricht. Außerdem werden es Rechtecke, weil die Spannung nach dem Abnehmen aufgehoben ist.

Die **Schußfäden** sollen stets locker eingelegt werden – *das gilt für die gesamte Weberei* – denn sonst wird das Webstück nach oben hin immer schmäler.

Eine lange *Webnadel* aus Metall oder Plastik bekommen Sie im Handarbeitsgeschäft.

Weben können Sie auf diesen Rähmchen mit allem, was ein Faden ist: Jute, Baumwolle, Leinen, Wolle, Kunstfaser. Entscheidend ist, was Sie mit den Quadraten machen wollen.

Was tun mit den vielen Quadraten?

Zu einem größeren Stück zusammennähen natürlich. Wie, das veranschaulicht die Zeichnung links oben. Wenn Sie Quadrate aus mehreren Farben zusammensetzen wollen, empfiehlt sich ein neutralfarbener Nähfaden. Wie z. B. bei der flotten Mütze. Das Quadratschema sehen Sie unten, die Wirkung auf dem Foto rechts.

Ein Tip: Nähen Sie ein Leinenband innen an den Rand, damit die Mütze gut sitzt.

Was Sie noch alles mit Quadraten arbeiten können? Von einem passenden Dreiecktuch, Schal, Tasche, Weste, Jacke, Rock – bis zu einer Riesendecke als Bettüberwurf. Letztere vielleicht aus größeren Quadraten oder Rechtecken, die sich über einer Pralinenschachtel gewebt ergeben.

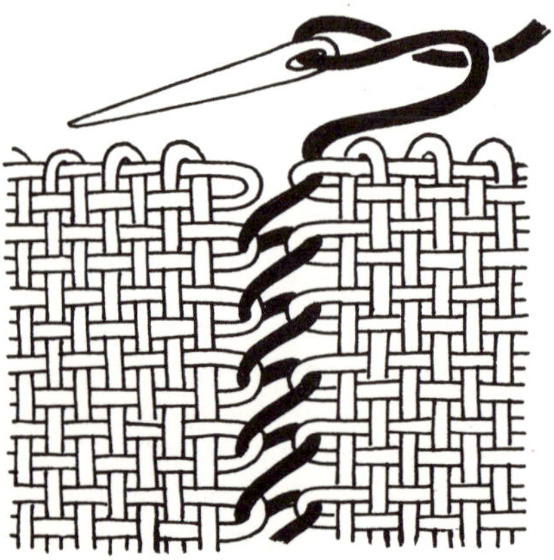

Teile aneinandernähen

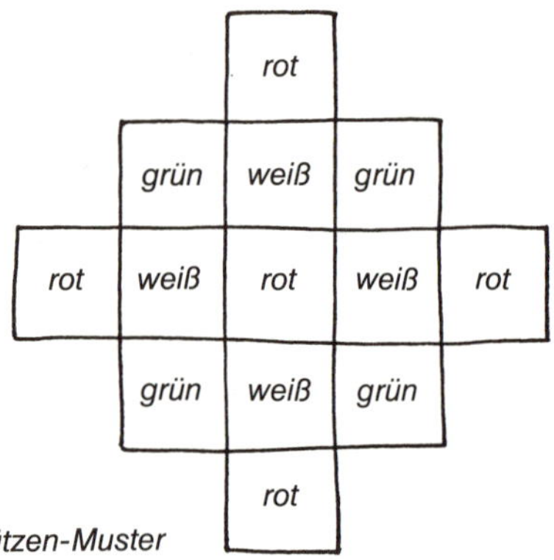

Mützen-Muster

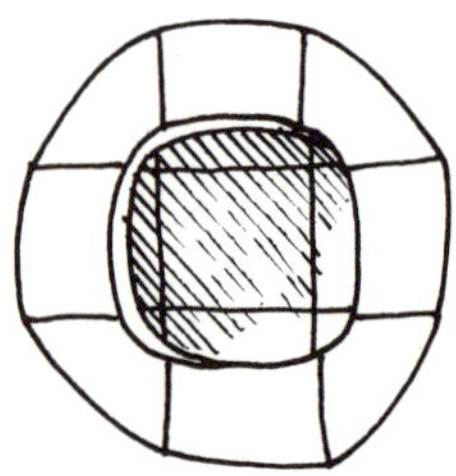

Mütze von unten

Webnadel

Ein Tip für alle Webereien:
Dämpfen Sie alle fertigen Stücke mit einem feuchten Tuch von der linken Seite. Auf keinen Fall von rechts bügeln.

Der nächste Schritt: Bandweben

Dazu brauchen Sie einen *Webkamm,* auch *Webebrettchen* oder *Bandwebe* genannt. Fertigen Sie sich den ersten selbst an. Die Zeichnung unten zeigt, wie Sie ihn aus zwei Bieruntersetzern (oder aus starker Pappe) zuschneiden und zusammenkleben.

Alsdann schneiden Sie 15 Kettfäden aus dicker Wolle in gleicher Länge zu. 60 cm genügt für ein Lesezeichen.

Mit Hilfe einer feinen *Häkelnadel* ziehen Sie die Kettfäden durch die Ritzen und Löcher. Fassen Sie die Fadenenden an beiden Seiten zusammen und verknoten sie.

Die Wahl der farblichen Anordnung der Kettfäden bestimmt das Muster. Das können Sie an den abgebildeten Lesezeichen erkennen.

Ziehen Sie durch den hinteren Knoten eine Schlinge, die Sie an einen Schubladenknauf oder an einen Türgriff hängen.

Durch den vorderen Knoten ziehen Sie einen langen Faden, den Sie sich um die Taille legen und mit einer Schleife verbinden.

Setzen Sie sich nun so, daß die Kette gestrafft ist und der Kamm sich in Reichweite Ihrer linken Hand befindet. Wenn Sie den Kamm auf und nieder bewegen, gleiten die Kettfäden in den Ritzen nach unten oder nach oben. Es bildet sich ein *Fach,* durch das jedesmal ein Faden gelegt wird. Das ist der *Schuß,* der Querfaden eines Gewebes.

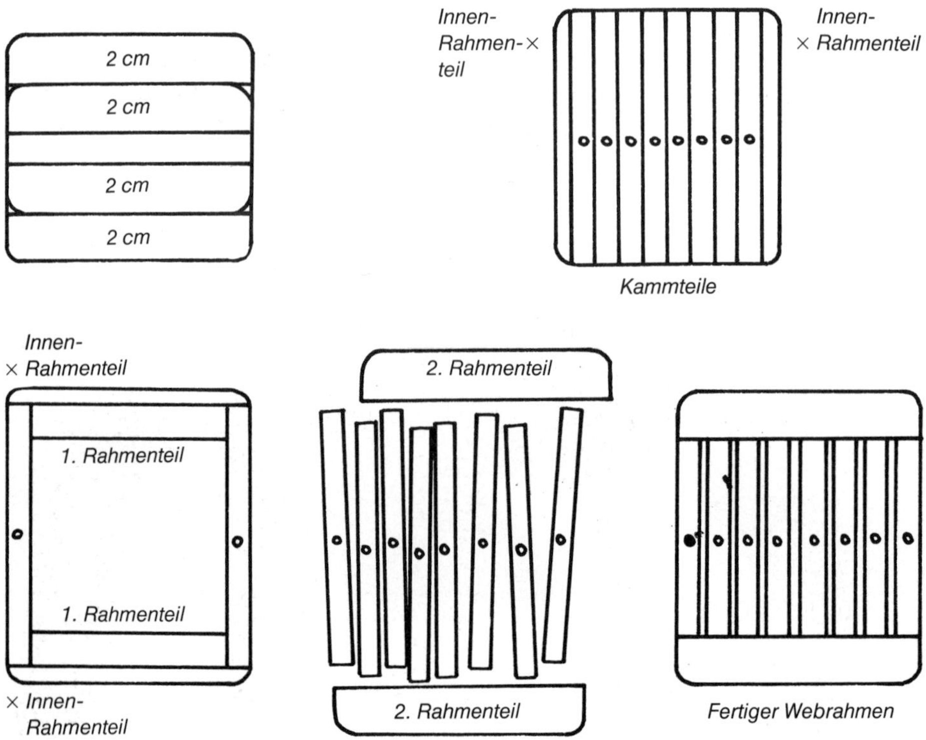

Nun wissen Sie bereits, was *Kette* und was *Schuß* ist und kennen somit das Prinzip der Weberei.
Wickeln Sie dünnes Garn (Baumwolle) zu einem *Puschel,* den Sie bei jedem *Auf* und bei jedem *Nieder* durch das *Fach* schieben. Ziehen Sie den Faden fest an, das ist bei dieser Technik angebracht. So entsteht ein gemustertes Band, das ein hübsches Lesezeichen ergibt. Den Anfang- und Endfaden verstopfen Sie. Mit einer längeren Kette können Sie Gürtel weben, Stirnbänder, Hutzierden, Borten für Kleidung, Kissen, Taschen und Hosenträger…

Ein Webebrett für breite Bänder

Ziehen Sie den Schußfaden fest an, habe ich auf der Vorseite gesagt. Das ergibt den sogenannten *Kettrips,* üblich in der Bandweberei. Ein *Webebrettchen, Bandwebe, Gatterkamm* oder *Schaft* – viele Bezeichnungen für ein Gerät – gibt es in Fachgeschäften in verschiedenen Breiten. Dazu gehört ein *Schiffchen* zum Aufwickeln des Schußfadens und ein *Anknüpfstäbchen,* an welches die Kettfäden befestigt werden (siehe Zeichnung).

Die Länge der Kette berechnen: Gewünschte Länge des Webstückes plus 10% Längenschwund plus 50 cm Abfall. *Dies gilt für die gesamte Weberei!*

Binden Sie das Anknüpfstäbchen an einen Gürtel, den Sie um die Taille schlingen. Das ist angenehmer als ein einschneidender Faden.

Beginnen und beenden Sie das Webstück mit einem *Zwirnrand* (Beschreibung Seite 18), so franst das fertige Gewebe nach dem Abnehmen nicht aus. Drücken Sie den Schußfaden nicht mit dem Kamm an, sondern mit dem Schiffchen. Nach den ersten Versuchen haben Sie herausgefunden, daß der Kamm so weit wie möglich von der Weberei gehalten werden, die Kettspannung gleichmäßig straff und der Anschlag und das Andrücken regelmäßig sein sollen. Wenn Sie das Gewebte aufwickeln wollen, legen Sie ein Stück Pappe über die Knoten und rollen ein Stück festen Stoff mit dem Gewebten auf. Blockieren Sie mit einer Sicherheitsnadel an jeder Seite.

Eine Anregung für eine aparte Weste siehe Zeichnung. Messen Sie Ihren Hüftumfang, teilen Sie die Zentimeter durch sieben – dann haben Sie die notwendige Breite für die sieben Streifen.

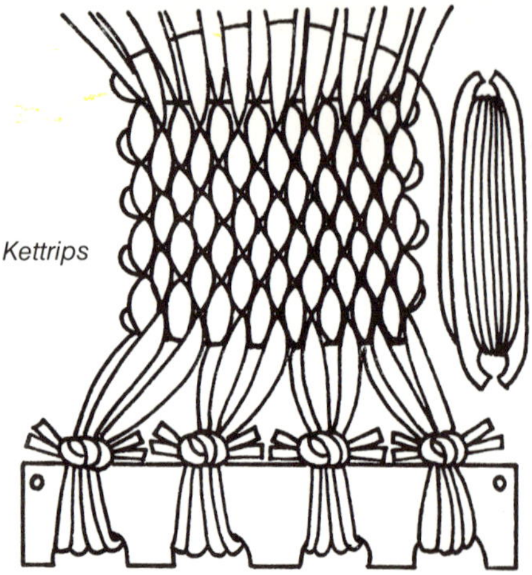

Kettrips

Anknüpfstäbchen

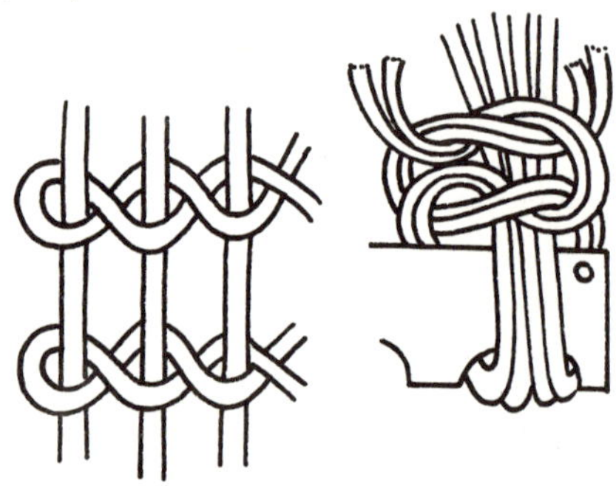

Zwirnrand

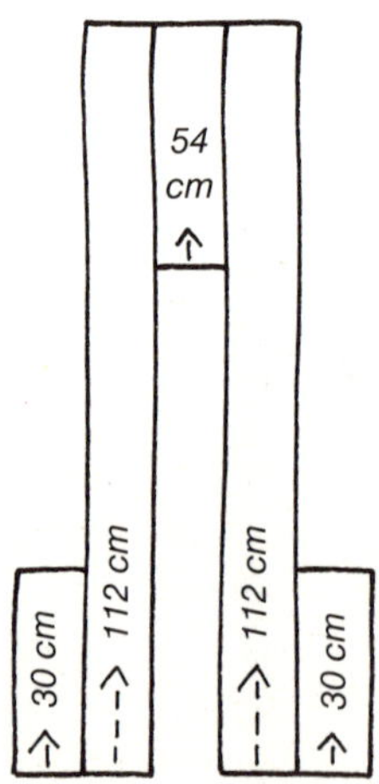

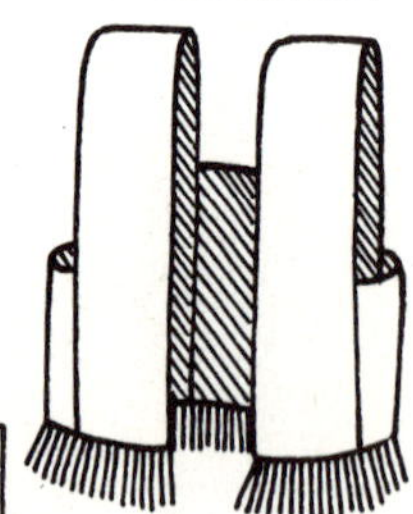

Westenmuster aus 5 je 15 cm breiten Bändern

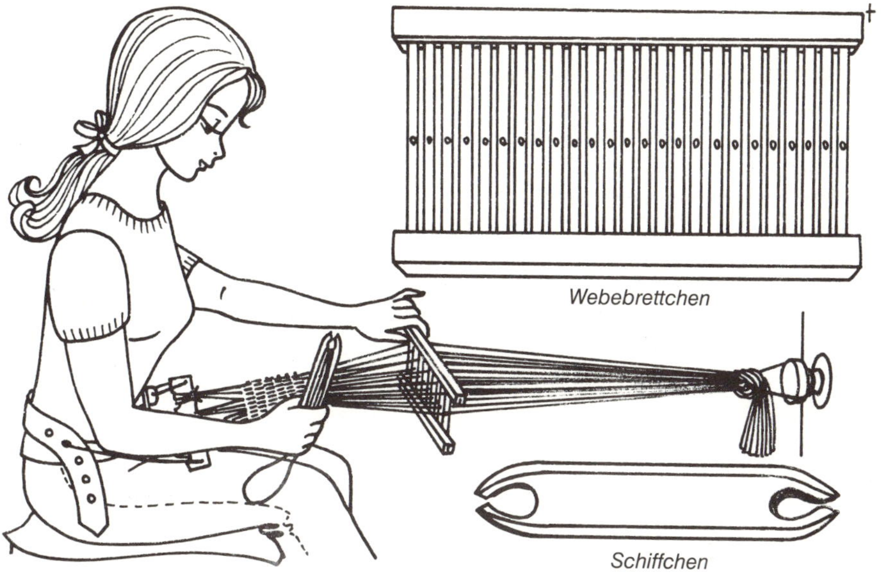
Webebrettchen
Schiffchen

Leinenbindung Locker einlegen

Ripsbindung

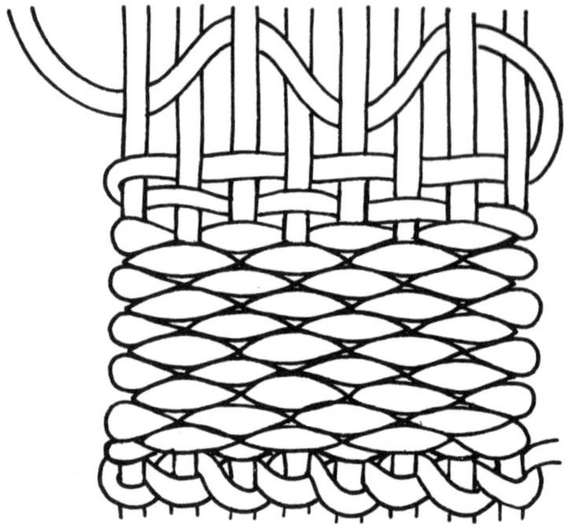

Bindungen heißen die Kreuzungspunkte von Kette und Schuß, die in einem bestimmten Ablauf bestimmte Muster bilden. Sie haben feststehende Bezeichnungen. Es gibt unendlich viele Bindungen. Die älteste und einfachste Grundbindung ist die *Leinenbindung.* Hierbei hat das Material für Kette wie für Schuß die gleiche Stärke.

Ripsbindung oder *Schußrips* heißt die Bindung, in der die Kettfäden von den Schußfäden verdeckt werden. Im Gegensatz zum *Kettrips* in der Bandweberei, wo die Schußfäden von den Kettfäden verdeckt sind.
Beim *Schußrips* wird fest angeschlagen. *Lockeres Einlegen des Schußfadens ist wichtig,* sonst wird das Gewebe immer schmäler – nochmals sei es gesagt. Es gibt sogenannte *Breithalter.* Ich bin dagegen. So lernt man es nie.

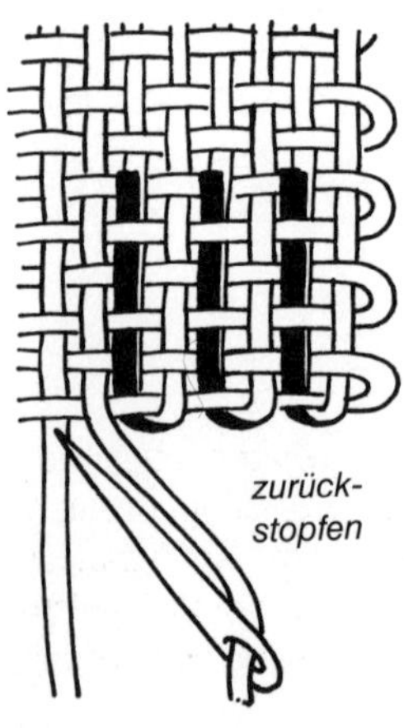

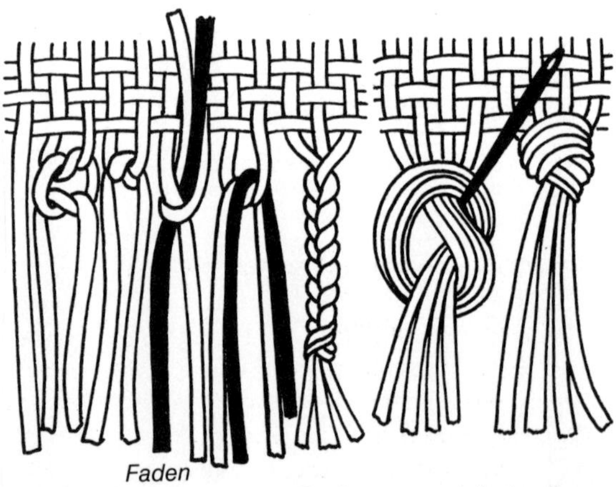

Knoten Faden einlegen Zopf 4-Faden-Franse

Kettfäden befestigen auf mancherlei Art

Sie können die Kettfäden zurückstopfen, wie es bei den hübschen Gürteln und der flotten Krawatte oben geschehen ist. Sie können sie zu Knoten verschlingen. Wenn Ihnen die Kettfäden als Fransenabschluß zu dünn sind, können Sie Fäden mit in die Knoten einlegen. Sie können auch aus jeweils drei Kettfäden Zöpfchen flechten. Oder Sie verschlingen vier Kettfäden zu einem Knoten. Damit alle Knoten gleichhoch sitzen, ziehen Sie sie mit einer Stopfnadel an.

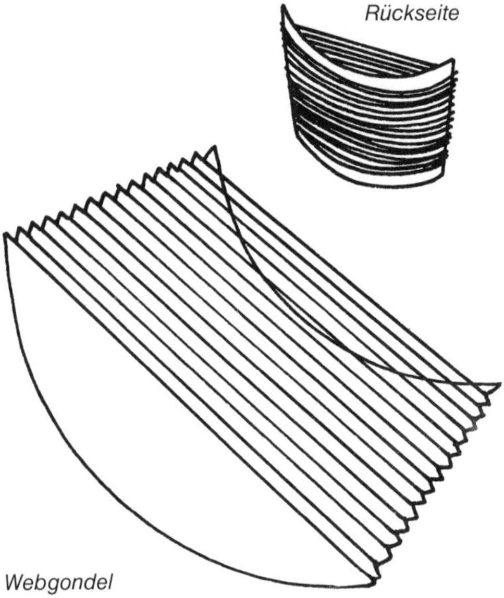

Rückseite

Webgondel

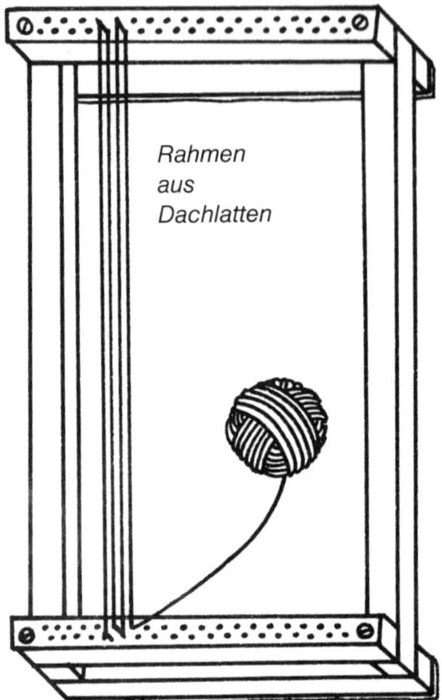

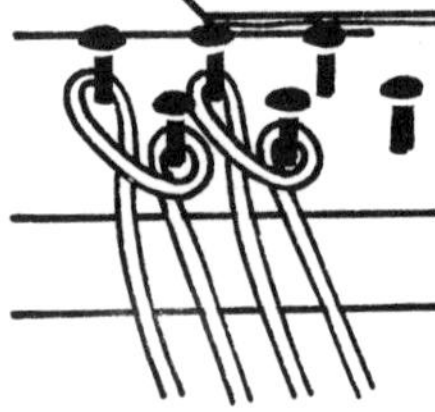

Nägel 1 cm Abstand versetzt einschlagen

Kettfäden um Nägel schlingen

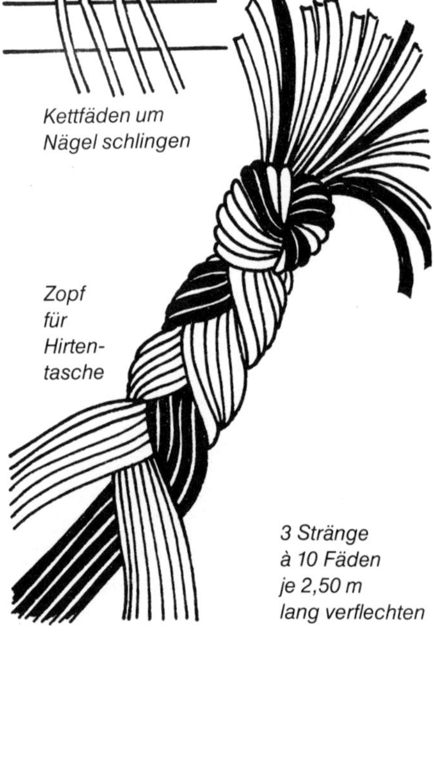

Zopf für Hirtentasche

3 Stränge à 10 Fäden je 2,50 m lang verflechten

Eine **Webgondel** entsteht, wenn Sie ein rechteckiges Stück starke Pappe an den Schmalseiten zackig einschneiden und Kettfäden umspannen.

Einen einfachen Webrahmen beliebiger Größe können Sie preiswert und schnell aus Dachlatten zimmern. Wie, zeigt die Zeichnung. Unter die unteren Latten, die auf dem Tisch aufliegen, kleben Sie Schaumstoffstreifen. So rutscht der Rahmen nicht. Um die Kettfäden zu befestigen, schlagen Sie je zwei Reihen Stahlnägel ein, in 1 cm Abstand, versetzt. Wie der Kettfaden um die Nägel geschlungen wird, zeigt die Zeichnung. *Baumwollgarn 4fach* eignet sich gut für die Kette.

Auch hierbei handelt es sich noch nicht um das eigentliche Weben, sondern um flechten oder stopfen. Mit Hilfe einer Webnadel. Bei der praktischen Hirtentasche (gut als Erstlingsarbeit) verdeckt ein dicker Zopf ungleichmäßige Kanten.

Auf einem gekauften *Webbrett mit aufgesetzten Plastikteilen* für die Kettspannung entstand die karierte **Buchhülle.** Abgezählte Farbfolgen in Kette und Schuß ergeben ein Karree. Auf dem Arbeitsfoto rechts oben sehen Sie, wie das vor sich geht. Darunter die fertige Buchhülle. Die Zeichnung zeigt, wie sie genäht wird.

Die Buchhülle arbeiten Sie aus farbigem Bast in Leinenbindung. Weil farbiger Bast sperriger ist als Garn oder Wolle, verknoten oder vernähen Sie die Endfäden nicht, sondern schlagen sie einfach nach innen um und nähen das Filzfutter darüber.

Zu Ihrer Information: Auch auf Webbrettern oder einfachen Rahmen aus Latten können Sie „richtig" weben, indem Sie eine Latte zwischen die Kettfäden schieben, jeden zweiten Kettfaden mit einer Litze an der Latte befestigen um somit ein „Fach" bilden zu können. Mir scheint dieses Verfahren für den Laien ohne persönliche Anleitung zu mühsam. Sie sollen ja Spaß an einem neuen Hobby haben, in dessen Techniken ich Ihnen auf vielleicht unorthodoxe, aber verständliche Art den Einstieg vermitteln möchte.

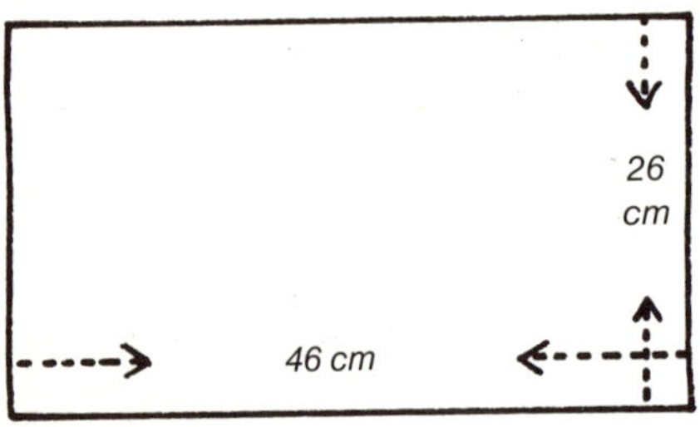

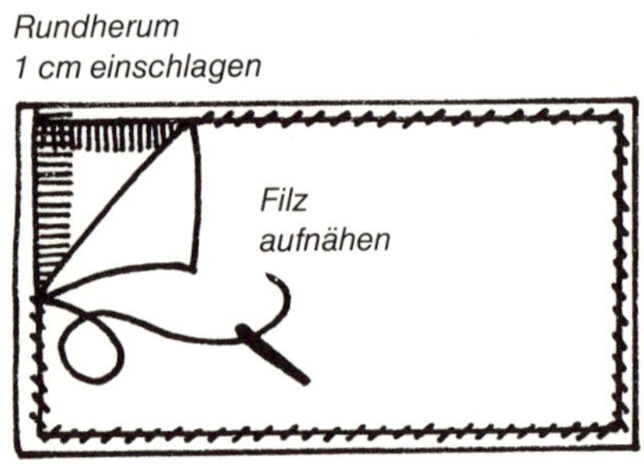

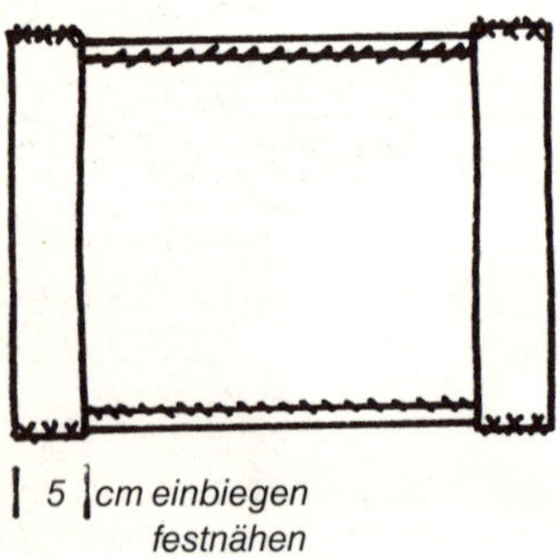

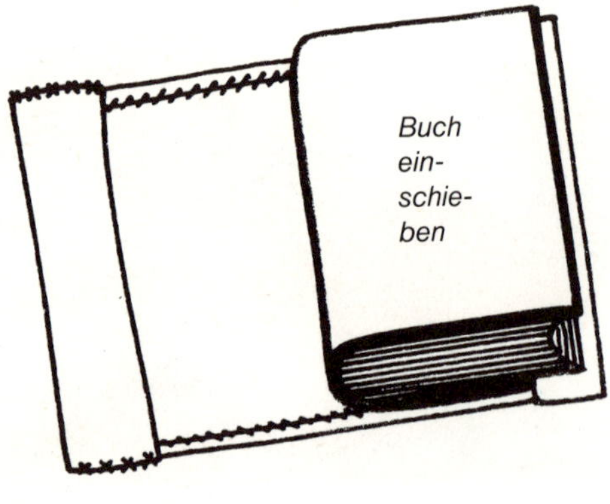

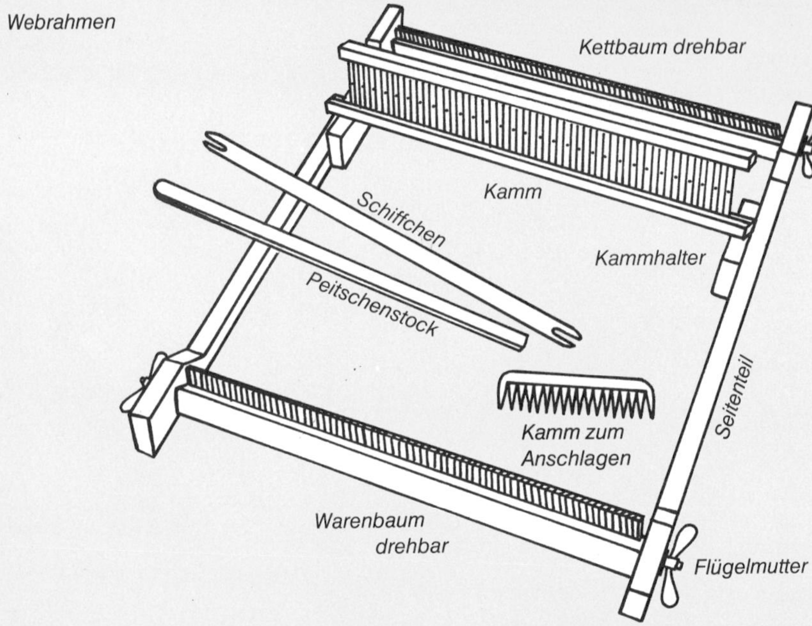

Schulwebrahmen gibt es in unterschiedlicher Art mit *Kamm* (auch *Gatterkamm* genannt) oder mit *Wendekamm* (auch *Drehstab* genannt). Beachten Sie stets genau die Zusammensetz- und Gebrauchsanleitung. Es gibt Webrahmen in mehreren Größen, in 30, 40, 50, 60, 80 und 100 cm Breite. Ich rate zu einem 50er-Rahmen. Er ist handlich für Anfänger und man kann fast alles darauf weben. Haben Sie den Wunsch, sich in Gewebtes zu kleiden und vielleicht Konfektionsgröße 44 – dann sollten Sie einen 60er-Rahmen erwerben.

Um alle Kettfäden in gleicher Länge zu haben, wickeln Sie sie irgendwo in gewünschter Länge auf. Das *Scheeren der Kette* (so heißt das) über *Schraubzwingen oder Scheerklammern* sehen Sie unten. Der Abstand zwischen beiden soll die Hälfte der Kettlänge sein. Wickeln Sie jeweils nur 10 Kettfäden auf, die Sie an einer Seite aufschneiden und zusammenbinden, sonst gibt es ein heilloses Gewirre. Nehmen Sie für die Kette immer ein gut gedrehtes oder gezwirntes Garn. Es muß die Spannung und das Anschlagen des Schusses aushalten.

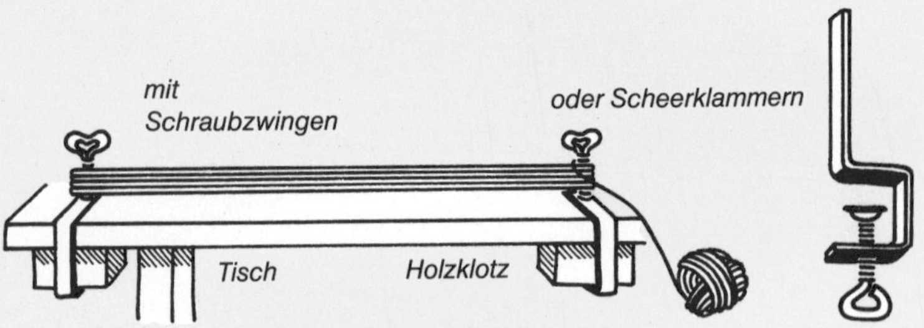

Wenn Sie einen **Webrahmen mit Wendekamm** besitzen, können Sie die Kette aufziehen, indem Sie den Warenbaum in gewünschter Entfernung genau parallel an eine Stuhllehne binden. Ein *Fadenkreuz* ist unerläßlich bei einer Kette über 2,50 m, es hält die Fäden in Ordnung.
Ziehen Sie die Kettfäden mit Hilfe des *Peitschenstockes,* welcher die durchzogenen Fäden hält, in die Ritzen des Kammes ein.

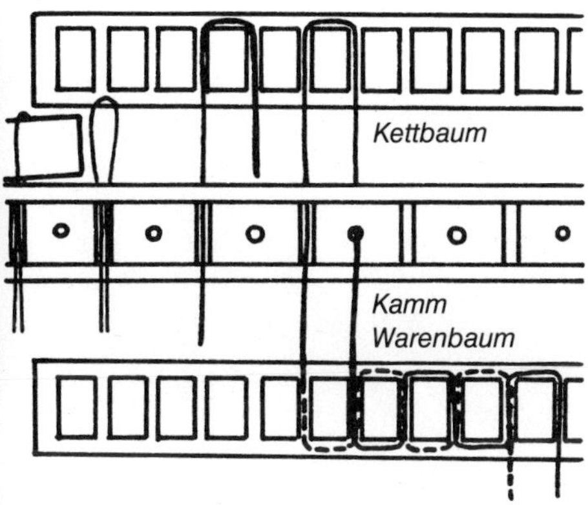

Schlingen Sie die Kettfäden, vom Peitschenstock abnehmend, nacheinander in die Kerben des Kettbaumes. Dann ziehen Sie wieder mit Hilfe einer Häkelnadel die Kettfäden durch die Löcher des Kammes. Alle diese Vorarbeiten sind zuerst zeitraubend und scheinen mühsam, doch je sorgfältiger die Kette aufgezogen wird, desto besser wird das Webstück.

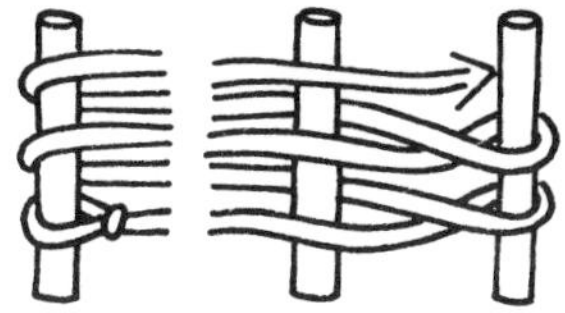

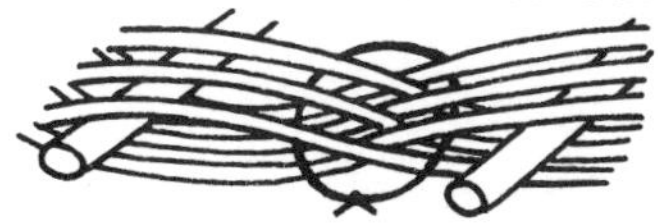

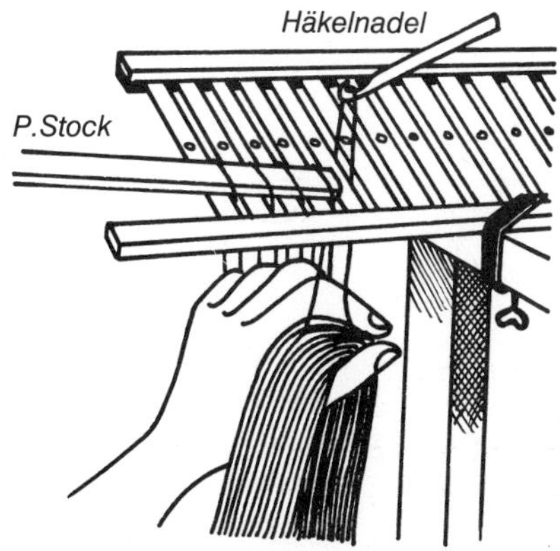

Für das *Aufbäumen der Kette* brauchen Sie Hilfe. Auf der Warenbaumseite müssen die Kettfäden straff gehalten werden. Die Kerben des Kettbaumes decken Sie mit einem *Pappstreifen* ab und drehen die Kette soweit auf, daß Sie sie am Warenbaum verschlingen oder verknoten können.

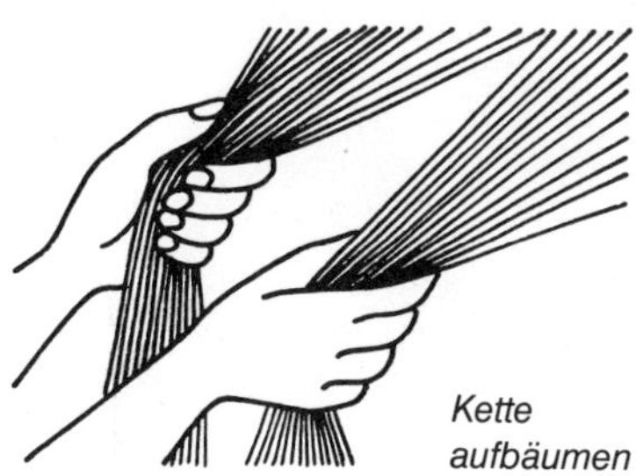

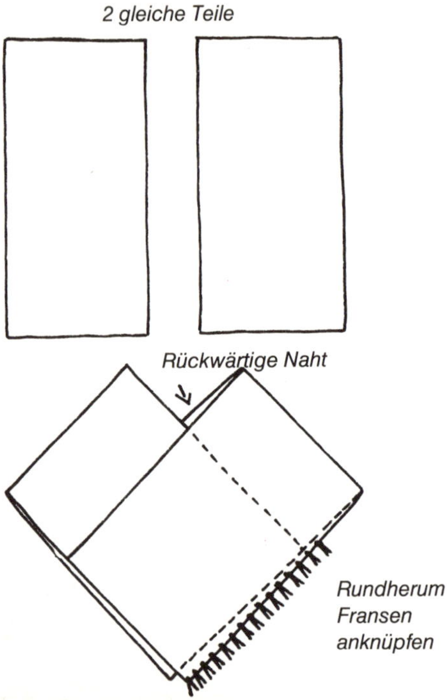

„Gut aufgebäumt ist halb gewebt" lautet ein altes Webersprichwort. Ist die Kette straff gespannt, wickeln Sie etwa 10 cm auf den Warenbaum. Beginnen Sie mit einem **Zwirnrand,** ziehen Sie das bewickelte Schiffchen einmal durch ein Fach, lassen einen etwa doppelt so langen Faden der Kettbreite hängen, den Sie mit einer stumpfen Sticknadel um den Schußfaden schlingen, wie die Zeichnung auf Seite 8 zeigt.
Nun können Sie munter losweben, immer Schuß – Fachwechsel – Anschlagen – Schuß – Fachwechsel – Anschlagen – usw.
Ein Tip: *Doppelte Kettfäden an den Rändern ergeben festere Kanten.*

Die beiden **Ponchos** entstanden aus je 2 gleichen Teilen. Für ein 6jähriges Kind je 30 x 60 cm, Erwachsene ca. 50 x 100 cm. Fertigen Sie vorher einen Papierschnitt an.

Es kann passieren, daß einzelne Kettfäden im Laufe der Weberei durchhängen. Sie müssen die **Kette nachspannen.** Wickeln Sie ein etwa 5 cm breites Stück Papier oder Pappe zu einer Rolle, die Sie unter den hängenden Kettfaden legen. Achten Sie auch darauf, daß die Kettfäden am Kettbaum sich nicht zur Seite hin verschieben. Dafür gibt es sogenannte *Baumscheiben.* Schaumstoffstreifen tun es am Anfang auch. Haben Sie etwa 20 cm gewebt, wickeln Sie den Stoff auf den Warenbaum, indem Sie die Halterungen des Kettbaumes etwas lösen und aufdrehen. Die Kerben am Warenbaum ebenfalls mit Pappstreifen abdecken.

Vielleicht wünschen Sie an einem Webstück einmal besonders dicke oder dekorative **Fransen,** wie z. B. an einem der nebenstehend gezeigten, in schlichten Streifen gewebten, nur durch das Material wirkenden *Kissen.* Wie feine Fransen entstehen, sehen Sie auf der Zeichnung unten.

Papier oder Pappe aufrollen

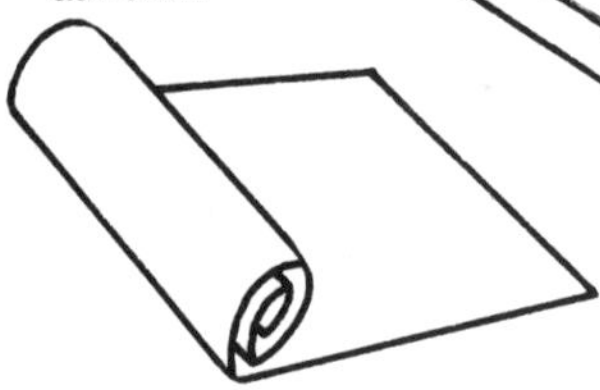

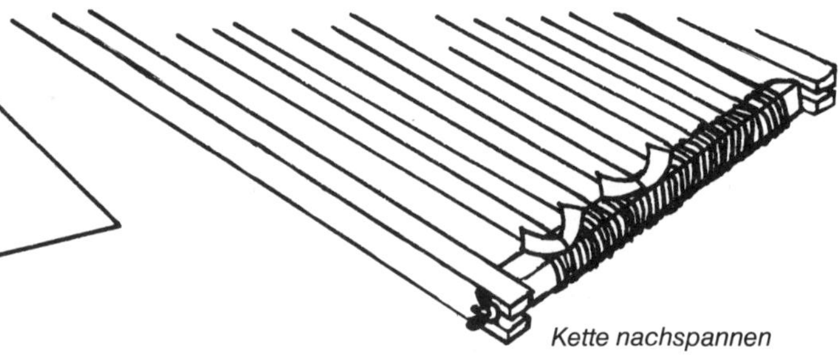

Kette nachspannen

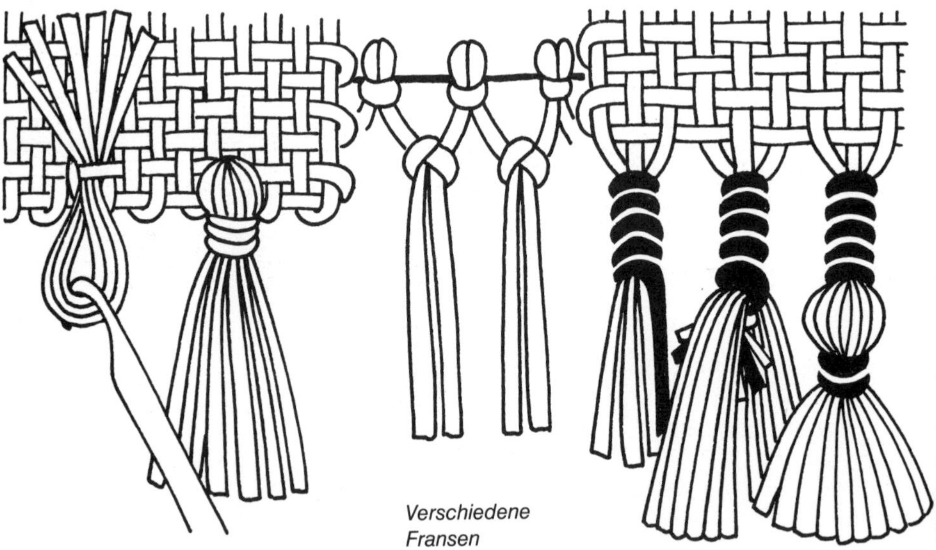

Verschiedene Fransen

Gerade bei Kissen ist es wichtig, daß sie sich farblich einfügen. Eine „neue“ Farbe kann die Harmonie des Raumes beleben oder zerstören.
Ein einzelnes Kissen als Blickfang ist zu dominierend. Wenn Kissen als Effekte erwünscht sind, dann sollten es mehrere sein.

Bei meinen Kissen auf dem Foto war ich auf Ton-in-Ton-Wirkung bedacht.

Ein **Set,** zwei **Serviettentaschen** und einen **Kaffeewärmer** sehen Sie auf dem Foto rechts. Die Maße für alle Teile auf der Zeichnung unten. Das Interessante an dem Set sind die Fransen aus Schußfäden, das Nette an den Serviettentaschen, daß sie einmal quer-, einmal längsgestreift sind. Auch der Kaffeewärmer könnte Seitenfransen aus Schußfäden haben. Er braucht dann aber mehr Platz auf dem Tisch.

Lassen Sie mich gerade auf dieser Seite etwas über *Farbzusammenstellungen* sagen. Wer farbunsicher ist, sollte sich an Ton-in-Ton-Farben halten. Das heißt, bei einer Farbe in verschiedenen Abstufungen von hell zu dunkel bleiben, mit Weiß gemischt. Wenn Sie etwas für sich weben oder verschenken wollen, denken Sie immer daran, wie sich die Farben der Umgebung anpassen werden oder welche Farben der Empfänger liebt.

Mein großer Poncho fand lebhafte Zustimmung bei Teenagern, Ablehnung bei älteren Damen. Was nicht zu verwundern ist.

Wenn Sie Schußwolle nur nach Farbwerten kaufen, denken Sie bitte daran, daß sich dünne Wolle anders verwebt als dicke. Gegebenenfalls müssen Sie von der dünnen Wolle einen doppelten oder gar dreifachen Faden nehmen.

Übrigens, daß Sie alle *Schußfadenenden* sauber auf der linken Seite des Gewebten verstopfen, ist selbstverständlich, ja?

Set

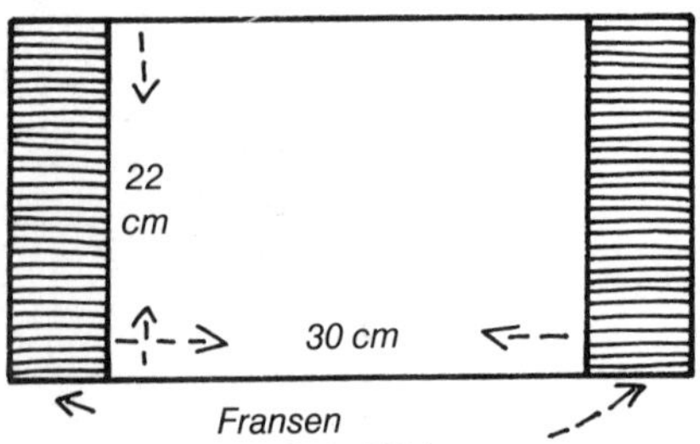

Kaffeewärmer

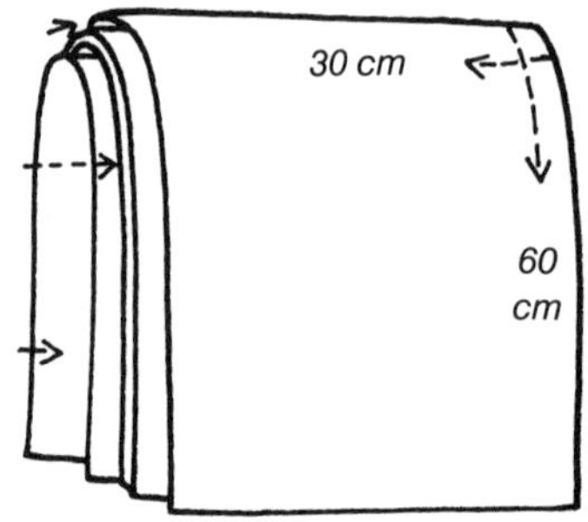

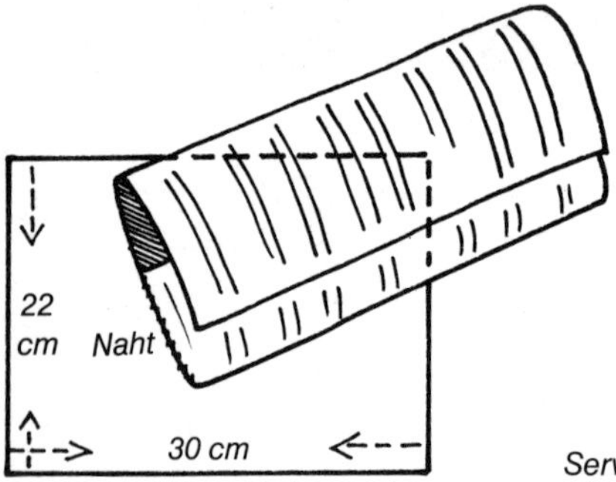

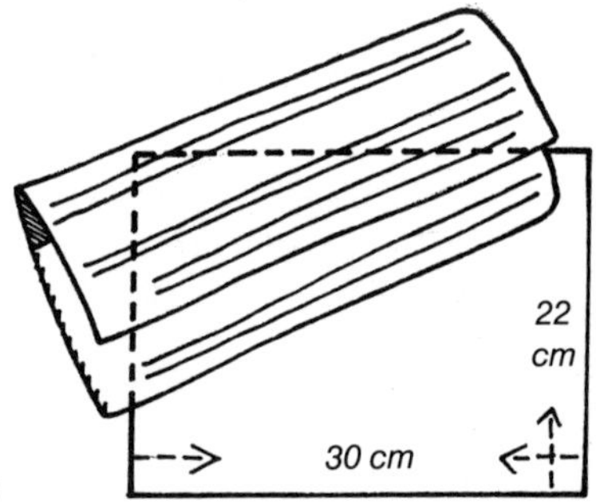

Serviettentaschen

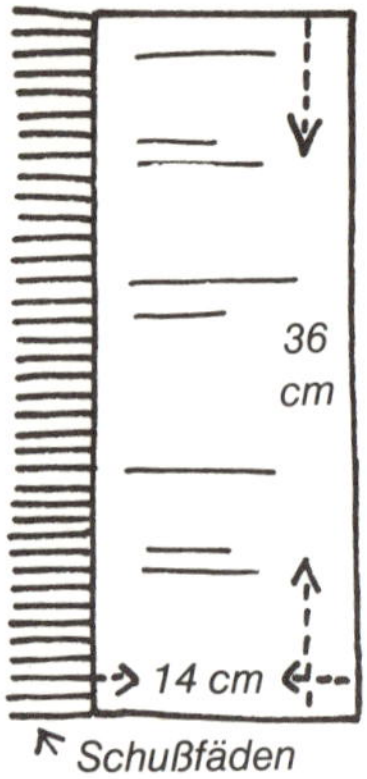

Kettfäden verknoten vernähen

Tasche umdrehen Schußfäden zu Fransen verknoten

Reißverschluß einnähen

Ein **Täschchen** zu weben, ist ganz einfach. Ein Gag: die Schußfäden an einer Seite hängen lassen und als Fransen und Abschluß verknoten.
Ob Sie das Täschchen füttern oder nicht, sei Ihnen überlassen. Einen Reißverschluß nähen Sie zuletzt ein.

Meine **Eierwärmer** entzückten einen Freund, der sich erinnerte, als Junge von seiner webfreudigen Mama alle Jahre wieder Mützen gleicher Machart bekommen zu haben. Das wäre eine Idee, nicht wahr?
Unfertig sehen die Eierwärmer ja recht chaotisch aus. Wie Sie erkennen können, sind Schußfadenenden nach einer Seite belassen um als Pompon zu dienen. Die Kettfäden beider Seiten knoten Sie zusammen und der Eierwärmer ist fertig. Die Eierwärmer könnten Sie auch auf einem Bandwebegerät arbeiten. Dann bitte keinen Kettrips, sondern Schußrips weben. Ich bringe sie aber hier, um Ihnen einen Tip zu geben, auf einer 50 cm breiten Kette gleich sechs in einer Reihe zu fertigen. Nebeneinander, versteht sich.

Ein **Fleckerlteppich** dürfe in einem Webbuch nicht fehlen, sagte eine bayerische Freundin. Hier ist er. Schön bunt und stoffstreifenreich. Wenn Sie einen Fleckerlteppich weben wollen, nehmen Sie dickes Baumwollgarn (8fach), Topflappengarn in weiß oder naturfarben für die Kette. Wickeln Sie 10 cm für Fransen auf den Warenbaum. Vergessen Sie den Zwirnrand nicht und weben Sie etwa 2 cm als Rand. Schneiden Sie aus allen Stoffresten, die Sie ergattern können, lange Streifen, je nach Dicke des Stoffes 4–6 cm breit. Ausgediente Strümpfe oder Strumpfhosen eignen sich gut als Webstreifen.

Sie können die Streifen aneinandernähen, zu einem Knäuel aufwickeln und nach Bedarf ein Schiffchen bespannen um damit zu weben. Das ergibt ein buntes Muster und nicht so viele zu vernähende Enden.

Ich habe es mir einfacher gemacht. Ich habe 65 cm lange Streifen aus allen möglichen Stoffen (Baumwolle, Leinen, Wolle, Jersey, Kunstfasern) – was mir in die Hände fiel –

zugeschnitten und zu Bergen um mich gehäuft. Je nach Farbenlust und Stofflaune habe ich Streifen für Streifen eingezogen, die Enden an den Seiten hängenlassend. Um das Gewebe zu festigen, habe ich zwischen jeden Stoffstreifen einen Schuß Baumwollgarn gelegt. Jedesmal, wenn ich Gewebtes auf den Warenbaum aufrollen wollte, habe ich gemessen, die Zentimeterzahl auf ein Stückchen Karton geschrieben und diesen mit einem Faden am Rand befestigt. Trotz zwangloser Streifenwahl hatte ich mir doch ein Konzept aufgezeichnet, um Farben und Stoffmuster wirkungsvoll zu verteilen. Von Zeit zu Zeit habe ich das Gewebte wieder entrollt, um die Kontinuität zu prüfen. Zuletzt habe ich noch einmal 2 cm Baumwolle gewebt, mit dem Zwirnrand abgeschlossen und die Kettfäden 10 cm dahinter abgeschnitten. Die überhängenden Stoffstreifen an den Rändern habe ich auf die linke Seite gebogen, geriehen, auf 2 cm abgeschnitten und mit einem Leinenband übersäumt.

Muster für Jacke

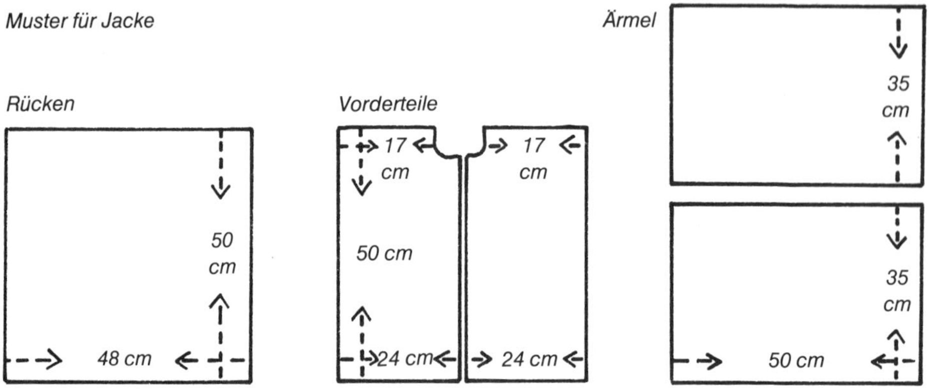

Eine Jacke für sie, ihn und es
Wenn deine Jacke eines Tages nicht mehr da ist, habe ich sie geklaut, sagte eine Freundin. Ein Freund wollte sie sofort kaufen. Webt sie euch selbst, antwortete ich. Wirklich, diese Jacke aus naturfarbener Noppenwolle ist auch für Anfänger leicht zu arbeiten. Wenn Sie den Schnitt oben betrachten, werden Sie auch sehen, wie problemlos er ist – nur gerade Stücke. Der Halsausschnitt an den Vorderteilen ist nicht nachträglich ausgeschnitten, er ist auf der Kette ausgearbeitet – jeweils nicht ganz bis zum Rand gewebt.
Bevor Sie mit diesem Werk beginnen, prüfen Sie Ihre Maße. Für eine 38er-Figur werden die angegebenen Teile kleiner sein müssen, für einen stattlichen Mann größer.

Für die Kette nehmen Sie naturfarbene Strumpfwolle, mit etwa 30% Kunstfaserzusatz. An Noppenwolle werden Sie zwischen 800 und 1000 g verbrauchen. Vielleicht vermissen Sie in diesem Buch genaue Angaben zum Wollverbrauch. Ich kann Ihnen den nicht geben. Ein Stück wird größer, das andere kleiner gearbeitet, die eine webt dicht, die andere locker. Wenn Sie Wolle kaufen, sichern Sie sich entweder das Rückgaberecht unverbrauchter Käuel, oder lassen Sie sich ein paar zurücklegen.
Der Chic der Jacke ist bestimmt durch die braune Wollitze, die über die Nähte und Kanten genäht ist. Außerdem ist das ein listiger Trick für Laien, unebene Kanten zu kaschieren, die mit Noppenwolle nicht sogleich ansehnlich geraten.

Litze annähen

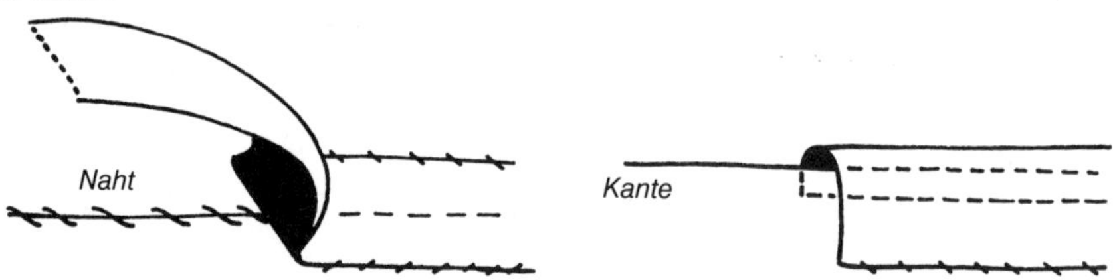

Natürlich können Sie diese Jacke auch aus jeder beliebigen Wolle anders arbeiten, uni, d.h. einfarbig, oder in verschiedenfarbigen Streifen, breit oder schmal, ganz wie Sie wünschen. Vielleicht weben Sie sich eine Jacke in der Musterung des Tischläufers auf Seite 42. Mit einem so einmaligen Stück werden Sie gewiß Aufsehen erregen.

Ein kuscheliges Kleid für kalte Tage

Etwas für Modemutige, die kunsthandwerklichen Touch lieben. Mit weißer Bluse oder braunem Rolli darunter zu tragen. Technisch ist zu dem Kleid nichts Neues zu bieten.

Dafür ein paar allgemeine Tips: *Wenn ein Kettfaden reißt* ist das kein Unglück. Verknoten Sie beide Teile mit einem neuen Faden. Ist das Webstück fertig, lösen Sie die Knoten und verstopfen sie im Fadenlauf. Haben Sie ein *Schiffchen leergewebt,* legen Sie Fadenende und Anfang im Schuß ein paar Zentimeter übereinander. Bei dicken Geweben fällt das nicht auf. Bei feinem Gewebe verstopfen Sie Ende und Anfang nur am Rand.

Von *Weberknoten* haben Sie sicher schon gehört. Es gibt viele Knotenarten. Unten sehen Sie zwei gebräuchliche.

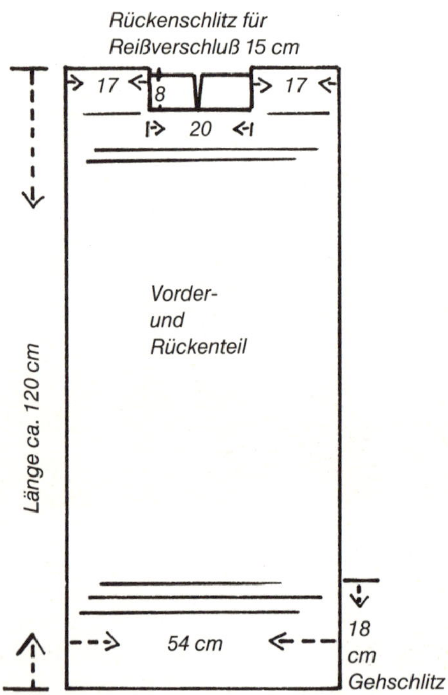

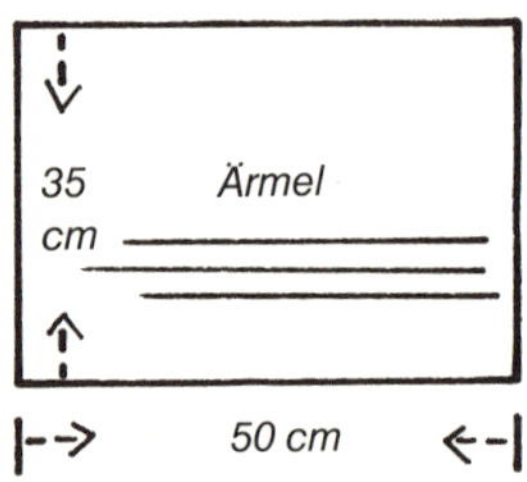

Weberknoten

Kreuzknoten

Die **Weste** ist in einem Stück quer gewebt. Wie, sehen Sie auf der Schemazeichnung. Bitte, korrigieren Sie auch diesen Schnitt nach eigenen Maßen. *Fertigen Sie einen Papierschnitt an, besser noch ein Nesselmuster.* Scheuen Sie diese Vorarbeit nicht. In jeder Webarbeit steckt ein beträchtlicher

Sumak-Webart

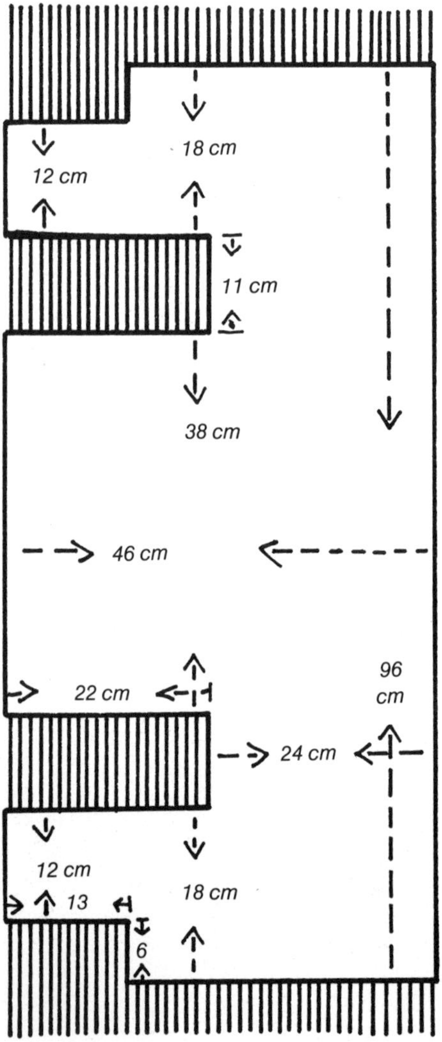

Aufwand an Zeit und Material. Ist Ihnen Gehäkeltes oder Gestricktes mißlungen, trennen Sie es wieder auf und beginnen neu. Bei Gewebtem ist das nicht so einfach. Angesetztes sieht nicht schön aus. Ein umnähtes Zuviel trägt auf.

Betrachten Sie auf dem Foto rechts die Längsstreifen der Weste einmal genauer. Nein, sie sind nicht nachträglich eingestickt. Sie sind gewebt. Und zwar möchte ich Sie jetzt mit einer neuen Webart bekanntmachen: dem *Sumak,* auch *Soumak* oder *Sumach* genannt. Bisher haben Sie den Schußfaden in regelmäßigem Auf und Nieder durch die Kette geführt. Jetzt gilt es, *Schlingen* (auch *Knoten* genannt) zu weben. Davon gibt es eine Menge Variationen, die vor allem in der *Bildweberei* Verwendung finden.
Hier oben sehen Sie eine Sumak-Webart gezeichnet, welche die Streifen auf der Weste ergibt. Natürlich können Sie den Faden nicht mit dem langen Schiffchen um die Kettfäden schlingen, sondern müssen den Faden zu einem *Puschel* binden oder über ein kleines *selbstgearbeitetes Schiffchen,* das Sie aus starkem Karton schneiden, wickeln. Wichtig ist, daß Sie sehr locker einlegen, weil Sie ja über jeweils zwei Kettfäden arbeiten und die Streifen plastisch aufliegen sollen. Beachten Sie das Wenden, damit sich eine schöne Kante ergibt.

Das dekorative **Kissen mit Noppen** in braun und weiß mit Glitzereffekt habe ich gewebt, um Ihnen die interessante Wirkung von *doppelten Sumak-Schlingen* zu zeigen. Sie ergeben dicke Noppen. Wollen Sie keine dichte Noppenreihe weben, sondern nur ab und zu eine Noppe haben, lassen Sie den Faden unter der Kette weiterlaufen. Die Maße des halben Kissens sehen Sie unten. Die Streifen bedeuten die eingewebten Noppenreihen. Daß jeder Entwurf in diesem Buch nur als Anregung dienen soll zu Eigenem, möchte ich betonen.

Das Wort *Sumak* stammt aus Asien, die Technik jedoch ist bei vielen Völkern bekannt. Grundsätzlich sollten Sie für Sumakschlingen einen dicken Faden nehmen, wie ich es demonstrativ bei dem *Beutel* auf der nächsten Seite getan habe. Die Anleitung für die Schlingenart sehen Sie auf der Zeichnung unten.

Die Sumakschlinge 4 über – 2 unter, eignet sich für gerade Streifen. Die *Ägyptischen Schlingen* – eigentlich eine Sumakschlinge von der linken Seite – ist für bewegte Webart besser.

Doppelte Sumakschlinge

Sumak - 4 über, 2 unter

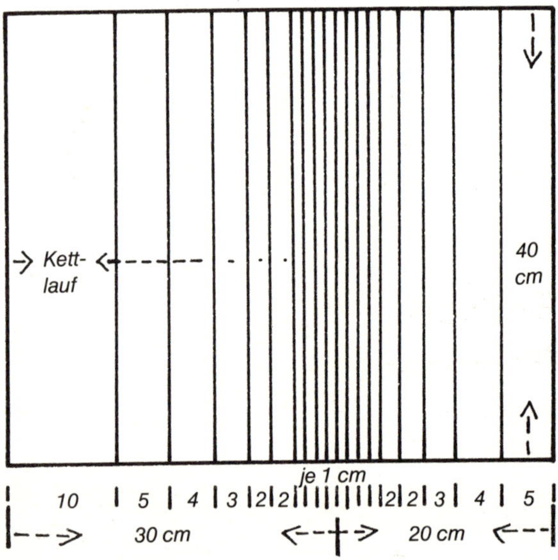

Ägyptische Schlingen

Siehe Beutel Seite 36-37

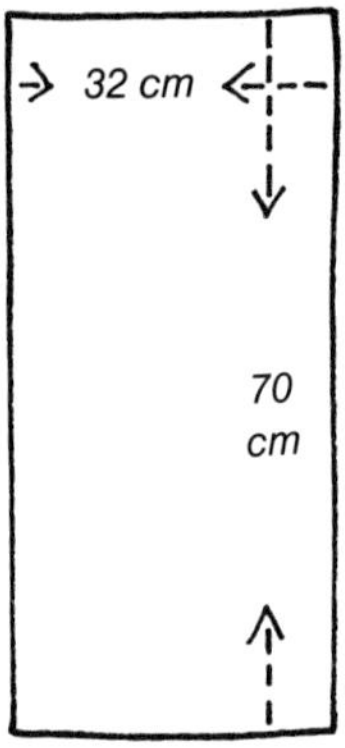

Boden für Beutel
22 Ø
Kunstleder
Pappe
Kunstleder

Kettfäden verknoten und verstopfen

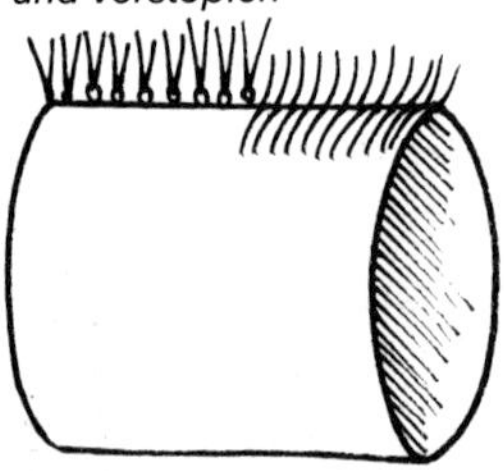

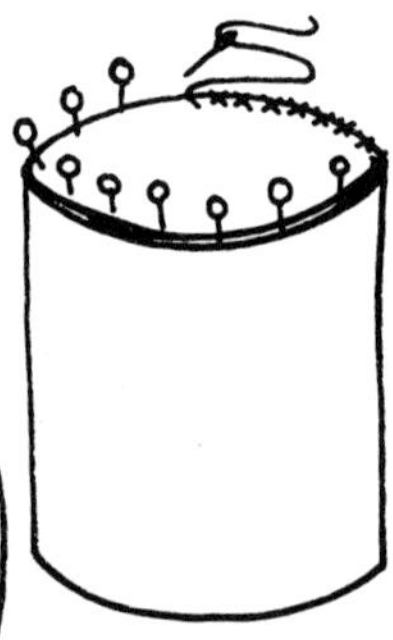

Boden einnähen

Häkelrand zum Einziehen der Kordel

5 Lm.
1 f.M.

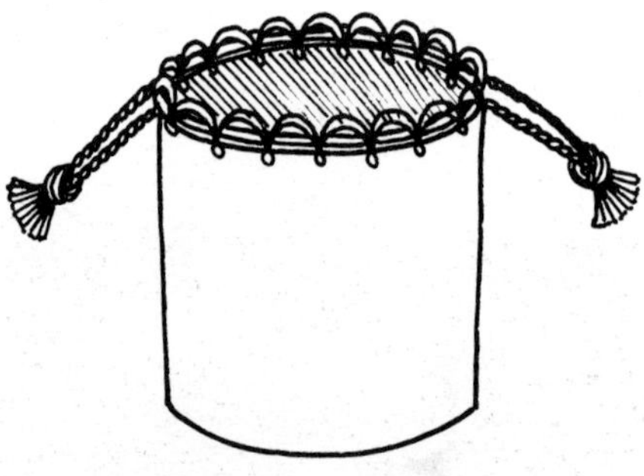

2 Kordeln je 1 m Länge versetzt einziehen

Dieser farbenfrohe **Beutel** stellt keine Ansprüche an Ihre erworbene Webkunst, wenn Sie nur glatte Streifen weben. Sein Zickzackmuster mit *Ägyptischen Schlingen* aber macht ihn unübersehbar. Wie es gewebt wird, sehen Sie auf Seite 34. Auf dieser Seite die zeichnerische Erklärung wie Sie das Webstück weiterverarbeiten.

Für den Boden muß es zwar feste Pappe, aber nicht unbedingt Kunstleder (Vistram) sein. Sie können ebenso gut Filz oder einen kräftigen Stoff wählen.

Erinnern Sie sich noch, wie man eine *Kordel* dreht? Je nachdem, wie dick die Wolle ist, und wie dick Sie die Kordel wünschen, bündeln Sie etliche Wollfäden, etwa 2,5 m lang, schlingen an jedes Ende einen Knoten, hängen einen Knoten über einen Türgriff, stellen sich in einer Entfernung davon auf, daß die Fäden gestrafft sind und beginnen nach einer Seite hin zu drehen, zu drehen, zu drehen. Wenn Sie meinen, nun sei es genug, fassen Sie das Gedrehte in der Mitte und lassen es sich aufkordeln. Sichern Sie das Ende sofort mit einem Knoten, damit es sich nicht wieder entrollt.

So ein Beutel ist ein nützliches und sicher hochwillkommenes Geschenk für einen Teenager. Erkundigen Sie sich aber vorher nach den Lieblingsfarben der Empfängerin.

Ein **Schal** – nicht nur für fröstelnde Männer. Nun eine neue Art des Webens: die *Gobelintechnik.* Es geht darum, *diagonal* zu weben. Die Abbildungen zeigen Ihnen, wie es vor sich geht, so daß sich wörtliche Erklärungen, die meist schwer zu verstehen sind, erübrigen. Weben Sie die schmalen Diagonalstreifen mit einer Webnadel. Wie Sie sehen, entsteht der Schal auf einem kleinen, nur 30 cm breiten Schulwebrahmen. Selbstverständlich können Sie ihn auch auf einem 50er-Rahmen weben. Spannen Sie die Kette, die ja nur die Hälfte des Kammes füllt, in die Mitte, so, daß der Freiraum an beiden Seiten gleich ist.

Arbeiten Sie den Schal aus dünner Wolle, damit er nicht zu dick wird.

Gobelintechnik
Diagonalweben

Raanu-Webart

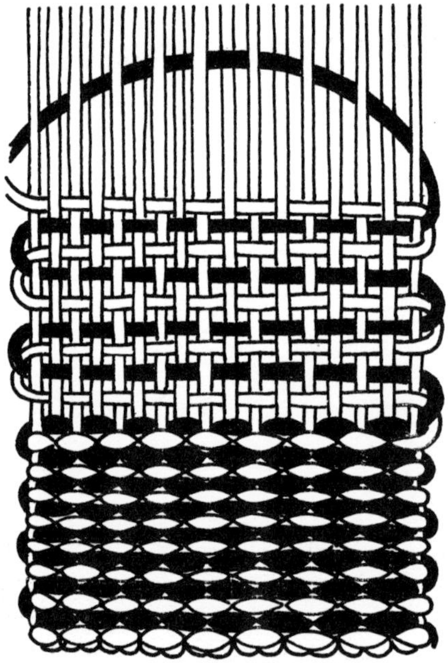

Holzbügel

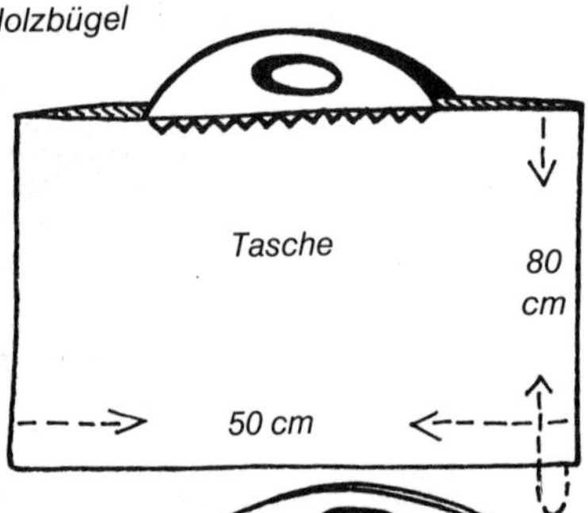

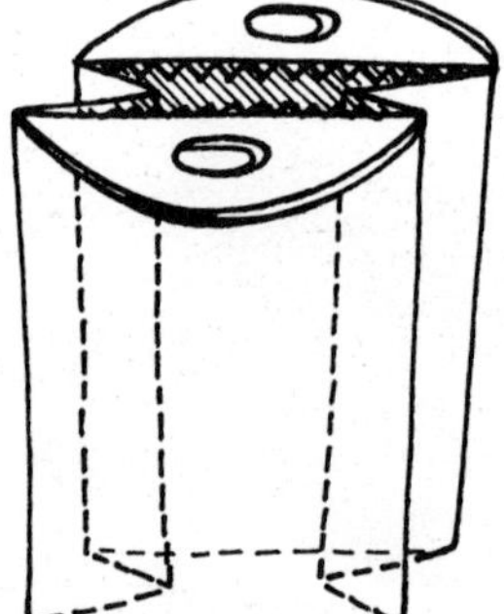

nach innen falten

Eine fast elegante **Einkaufstasche** in der Vieles Platz hat. Sie brauchen dazu zwei *Holzbügel,* die Sie in einem Hobbyfachgeschäft erwerben können.
Die Maße der Tasche und wie sie gefaltet wird, sehen Sie auf der Zeichnung unten.

Bemerkenswert sind die eingewebten Streifen. Sie entstehen durch ständigen Farbwechsel im Schuß. Das demonstriert die Zeichnung links. Es ist die *Raanu-Webart* in *Ripsbindung.* Das heißt, eigentlich ist es weder eine Webart, noch eine Technik, sondern ein Muster. *Raanu* heißen Decken, die im nördlichen Finnland Tradition haben. Mit Raanus bedeckten die Lappen ihre Zeltgerüste aus Ästen und Stämmen. In Raanus hüllten sich nachts die Rentierhirten ein. Eine berühmte Weberin, Elsa Montell-Saanio (sie lebt oberhalb Rovaniemis direkt am Polarkreis), hat sich dieser traditionellen Muster angenommen. Ich fand das gleiche Muster abgebildet in einem Buch über Weberei in Guatemala/Südamerika.

Nähen Sie die Holzbügel mit Baumwollgarn oder kräftiger Wolle an – sie sollen etliche Kilo halten können. Füttern Sie die Tasche mit wasserdichtem Kunststoff – wie schnell läuft mal etwas aus oder feuchtet durch.

Diesen prächtigen **Tischläufer** – der besseren Ansicht wegen als Wandbehang fotografiert – können Sie weben, sobald Sie mit Kette und Schuß vertraut sind. Es handelt sich um weiter nichts als *Ripsbindung.* Und das können Sie ja mittlerweile. Die Muster entstehen nur durch Farbwechsel. Wenn Sie das Detailfoto links anschauen, können Sie es erkennen. Weben Sie z.B. schwarz-weiß-schwarz-weiß usw., ergibt das ein *Raanu-Muster.* Weben Sie weiß-weiß-schwarz-schwarz-weiß-schwarz-schwarz-weiß-weiß usw., entwickelt sich ein ganz anderes Muster. Probieren Sie einmal und lassen Sie sich von den unendlich vielen Möglichkeiten überraschen.

Das einzige, wobei Sie wirklich aufpassen müssen, sind die Kanten bei dieser schnellen Wechselfolge kontrastierender Schußfarben. Sehen Sie bitte noch einmal zurück auf die Raanu-Zeichnung Seite 40. Dort sehen Sie, wie die Schußfarben sich an den Kanten kreuzen.

Natürlich macht es Spaß, einfach draufloszuweben und sich dem „Erfinden“ immer neuer Farb- und Fadenkombinationen fröhlich hinzugeben. Aber ob das Ergebnis immer zufriedenstellt? Ich habe mich bei diesem Tischläufer zentimetergenau an meinen sogar colorierten *Entwurf* gehalten, den ich, es sei gestanden, mit viel Mühe mit Hilfe eines Lineals zu Papier gebracht habe. Mein Tischläufer sollte eine bestimmte Länge und Breite haben und eine akkurate Farbfolge.

Eine **Stola** ist der letzte Webvorschlag für Sie als Anfängerin – die Sie nun bald nicht mehr sind. Vielleicht haben Sie dieses Büchlein zuerst flüchtig von hinten aufgeblättert, haben einen lässigen Blick auf das letzte Foto geworfen und voller Erschrecken gedacht, „das werde ich nie schaffen!" Nichts leichter als das. Obwohl nicht gerade als erstes Stück zu empfehlen – darum steht es ja auch am Schluß und nicht am Anfang.

Sie weben diese Stola mit *Offener Kette*. Das heißt, Sie ziehen nicht durch alle Ritzen und Löcher des Kammes Kettfäden. Sie lassen Zwischenräume. Auf dem Foto oben sehen Sie die aufgespannte Kette, auf der Zeichnung unten die Anzahl der jeweiligen Kettfädenstreifen und, darunter, die Zwischenräume. Die Zahlen bedeuten fehlende Kettfäden. Gemessen an einem Kamm mit 200 Kettfäden. Die Kette ist 2,40 m lang, das Webstück wird ca. 48 cm breit und ca. 1,72 m lang. Bedenken Sie Längen- und Breitenschwund – darum stimmen diese Zahlen nicht genau mit den Angaben der nächsten Seite überein.

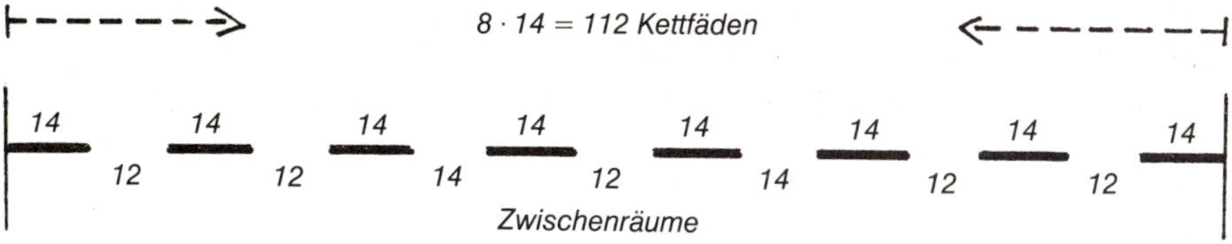
8 · 14 = 112 Kettfäden
14
14
14
14
14
14
14
14
12
12
14
12
14
12
12
Zwischenräume

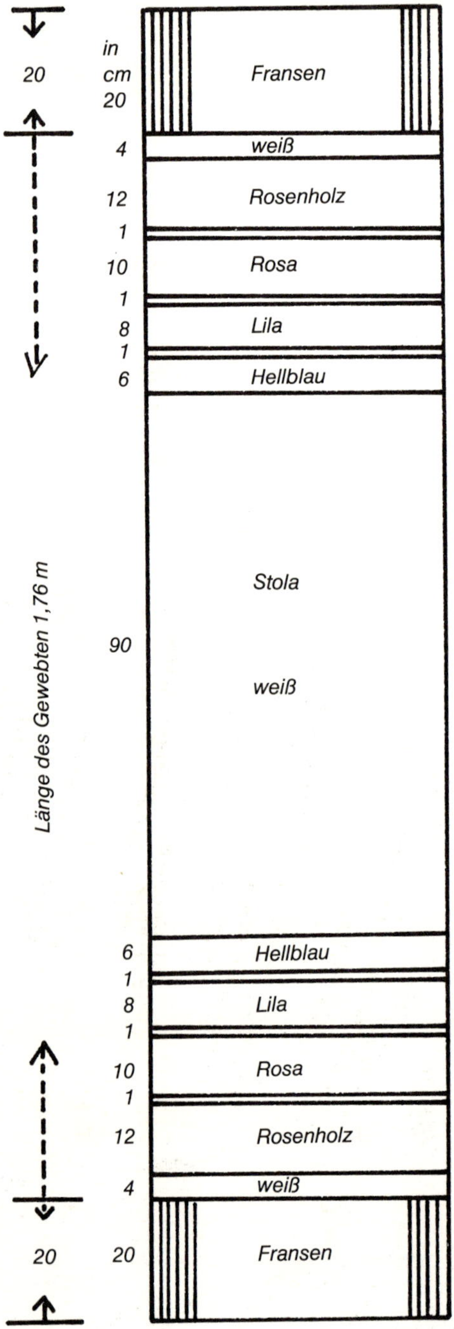

Weil diese **Stola** nicht nur eine köstliche, sondern auch eine kostbare Angelegenheit ist, nebenstehend die genauen Maße in Zentimetern und folgend der Materialverbrauch. Für die Kette: 3 Knäuel schwarze Alpaca-Wolle zu je 40 g – je 1 Knäuel Wolle, 85% Polyacryl + 15% Mohair, in den Farben Rosenholz, Rosa, Lila, Hellblau – 4 Knäuel Weiß. In die Kettfransen knoten Sie jeweils 5 Fäden weiße Wolle mit ein.

Weben Sie ganz locker und gleichmäßig, weil es bei dieser Stola sehr wichtig ist, sei es noch einmal wiederholt. Spannen Sie die Kette nicht zu fest – der Kettfaden ist nicht so strapazierfähig wie Baumwollgarn.

Legen Sie bitte über das aufgerollte Webgut ein sauberes Tuch, damit das Weiß rein bleibt. Bedecken Sie das Ganze, wenn Sie den Rahmen beiseite stellen. Und – ich bitte um Entschuldigung, daß ich Selbstverständliches vorbringe – weben Sie nur mit sauberen Händen.

Diese erlesene, flauschig weiche Stola ist ein wundervolles Geschenk für eine alte Dame. Sofern Sie bereit sind, sich von Ihrem schönsten Stück zu trennen. Aber Sie können sich ja eine neue Stola weben, vielleicht ganz in weiß. Die nächste geht Ihnen viel schneller von der Hand. Jetzt wissen Sie ja, wie man's macht.

Weitere Titel von Ursula Kühnemann
(Frech-Verlag)

530 Bauernmalerei
531 Entwurfsmappe Bauernmalerei
532 Beschichtungsharz
533 Drücken und Formen
534 Farbschmelzpulver
535 Geschenke für Vati
536 Geschenke für Mutti
537 Glasbemalen
538 Entwurfsmappe Glasbemalen
539 Keine Langeweile
540 Kindergeburtstag
541 Kuscheltiere
542 Liebe Puppen
543 Modellieren
544 Schmelzgranulat
545 Steine bemalen
547 Stoffdruck
604 Kissen, Kissen, Kissen
622 Stoffmalerei
631 Entwurfsmappe Stoffmalerei
650 Malen Sie mal

Der auf der Rückseite des Buches abgebildete Wandbehang in freier Webart soll nach den vielleicht etwas „strengen" Anleitungen Mut machen zu eigenem, fantasievollem Gestalten.

ISBN 3-7724-0193-7 · Best.-Nr. 675

 3. Auflage 1980
frech-verlag
GmbH + Co. Druck KG Stuttgart

Fotos: Erwin Hilck
Druck: Frech Stuttgart